Let's Read

打開書，

你可以全覽世界、

翱翔天際…

—曾志朗推薦文

編者的話

　　教育改革在這幾年變動得非常快速，九年一貫課程已經展開，為了改進兒童的基礎教育，老師、家長以及各界人士無不熱列的投入這項新教育措施當中。

　　聯經出版公司所出版的《台灣歷史故事》和《台灣風土系列》分別獲得86年及90年童書金鼎獎的肯定，而「校園檔案」、「小班教學」、「親職教育」等系列叢書，都為學校師生和家長帶來許多啓發與實質的幫助，市場的肯定與各界的掌聲，讓我們更加努力為台灣童書投入更多創意。

　　在老師、家長的鼓勵與期待下，我們在兩年多前組成了「九年一貫教學研究會」，規劃了一套「Let's Read 讀讀樂」分齡分類閱讀系列童書，期望配合九年一貫課程的發展方向以及學習能力指標，出版一套適合孩子閱讀的讀本，並且可以協助老師作為延伸教學以及統整學習的工具，在彈性課程中，還能豐富教學內容，使孩子的能力指標得到更完善的成效。

　　這套讀物，初期出版36冊。從內容的規劃到主題的選材，都是根據教育部頒定「九年一貫課程綱要及能力指標」來設計的，每一本書都能符合教育部頒定各領域的能力內涵準則。我們以分齡分類的

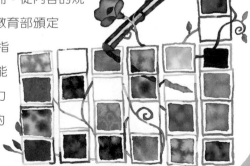

作法，針對國小階段不同年齡層、不同閱讀程度的孩子，分成低、中、高三個層級來設計，讓孩子在不同階段有不同的讀物，並可配合學校課程，作為延伸學習的參考。在分類上，我們以九年一貫課程中七大領域的「語文」、「藝術與人文」、「自然與生活科技」三大領域以及「傳記」類，涵蓋所有科目的統整，依據能力本位的學習，加強各領域的整合，使其面向和深度都更深更廣。

在主題上，我們選取生活化的題材來發展，並配合各領域的教材拓展到孩子關心並且有興趣的題目；在寫作上，全部內容都用故事的型態來進行。在編輯上，結合國內知名的兒童文學作家與畫家的合作，並委請國小老師審校，對於難字難詞也有解說。每一本書，都配有精美的插畫，低年級以圖畫書的型態呈現，中高年級則以圖文書來編輯設計。書中除了故事主文的鋪陳，並加上相關的注釋，以及延伸的背景知識，以文字、繪圖和攝影，圖文並茂的呈現。每一本書都可以作為一個完整的課程來規劃，書中的主題，都著重能力本位的提升，讓閱讀及學習面向更多元。

這套書是台灣第一套完整依據九年一貫課程內涵設計的課外讀物，同時也是老師得力的輔助教材。這套書以高品質製作，卻以低廉價格銷售，期望為童書閱讀運動加上實質的助力。

我們期望這套書的出版，能擴大孩子的閱讀視野，讓豐富的題材，滿足每位孩子的需求。Let's Read，讓我們一起讀讀樂。

目次

能力時代來臨！

前教育部國教司司長、淡江大學副教授　單小琳

讓孩子玩出知識的樂趣！

　　美國享有「小諾貝爾獎」美譽的「英特爾科學獎」，是全美高中學生科學研究競賽的最高榮耀（它的前身是連續舉辦五十七年的西屋科學獎），歷年來獲獎學生有七成的人後來得到博士學位，三十人當選為美國國家科學院士，五人得到諾貝爾獎。

　　台灣每年也辦理全國科學競賽獎，長期以來，鼓勵許多學生從事科學研究，開啓了台灣孩子研究興趣之鑰。例如宜蘭育成中心的二十八歲青年陳柏瑞，以DNA引發IC革命，他以線寬二奈米(2nm)的DNA導電功能，來取代傳統半導體製程的光蝕刻方式製作IC；陳柏瑞從小學時代就包辦全國科展的獎項，以及榮獲西屋科學獎。從上述描述當中可發現兩點：

　　一、培養做研究的興趣及基本能力應該從小開始，而且人人可以嘗試。

　　二、科學研究上表現突出並得到獎項的人，在未來的學術成就上也出現正向的發展。

　　這種提倡孩子由自己的實驗與探索中，重整架構知識的模組，正是九年一貫課程關鍵指標之一：

　　「激發主動探索和研究的精神，積極運用所學的知能於生活中。」

　　民國九十年開始實施九年一貫的課程，新課程除了強調培育「帶得走的能力」之外，還將課程統整成七個「學習領域」，以打破傳統「學科組織」，強調相關課程之間的統整和協同教學；並預留「彈性教學時間」，以便發展各校特色；更因應世界潮流，重視語言教學（英語、國語及母語）；也要求各學校課程發展委員會自主地設計，以實現學校本位的課程發展。

　　面對九年一貫課程改革，家長究竟能做些什麼？首先了解九年一貫課程是什麼？了解方式有：

Let's Read 讀讀 樂

故事・林良　繪圖・鍾偉明　定價・120元

大牛哥快樂過生活 低

語文類

快樂在哪裡？
讓大牛哥帶你去找一找！

林良爺爺扮成快樂的大牛哥，用十四首好聽押韻的兒歌，告訴你到哪裡去找生活中快樂美事。

一、**媒體**：例如報章、雜誌、廣播、電視、電子報 。

二、**網站**：例如司摩特http://www.sctnet.edu.tw/、教育部網站 http://www2.edu.tw/、台北市教育網路中心http://www.tp.edu.tw/ 以及 搜尋網站OPENFIND http://www.openfind.com.tw/等 。

三、**學校管道**：包含請教行政人員、班級導師等。

四、**參與各項說明會或聆聽相關演講**。

五、**尋找各種文字資源**：例如取閱官方宣導資料、購買有關九年一貫 課程的書籍，目前這類資料多如過江之鯽。

　　其次，積極參與學校課程事務，包含：1.參與教科書的選擇，要 求學校設計本位課程是納稅人的權利（可以拒絕購買民間教科 書）；2.參與選擇優質專業的好老師任教；3.參加班級和學校的課 程發展委員會；4.常常與老師聯繫，例如利用聯絡簿、email、紙 條、電話、到校拜訪等，以了解課程；5.參與學校的各項發表研 習或親子活動；6.工作之後時間給孩子，一起做研究、閱讀，讓 孩子主動學習。

　　總之，面對課程的革新，學生、家長和老 師們都要勇敢的跨出第一步，接受挑戰， 運用我們的好奇心、求知欲，學習中享 受摸索的過程勝於學習的成果；創造 多元的解決問題方式以取代一元的 標準答案；探討生活中的實用知識 多於僵化的課本的鉛字，使孩子學 得開心、自信與享受知識的美味，讓 孩子玩出知識的樂趣。

全國第一套根據九年一貫
設計的分齡分類讀本
規劃最完整、定價最優惠

★ 國小學生最精采的課外讀本
★ 國小老師九年一貫課程最佳的輔助教材
★ 全套36冊
★ 三個年齡層：低年級、中年級、高年級
★ 四大類別：語文、藝術與人文、自然與科技、傳記

因為閱讀，
孩子的世界更寬廣了

台北市仁愛國小老師　顏美姿

　　在此知識爆炸的時代中，國民的學習能力對於國家的競爭力有著絕對的影響，因此不論歐美或亞洲國家，近年來紛紛倡導終身學習，並強調閱讀之重要性，如：英國計劃在兩年內提供新生兒父母閱讀資源的指導手冊，以及適合孩子閱讀的免費書籍；美國為推動全民閱讀，不論政府、城市、社區、乃至民間團體皆規劃活動推展；日本則有「親子讀書活動」，希望藉由親子共讀，提升國民素養。因為閱讀是終身學習的起點，亦是學習所應具備最基本的能力。

　　現代的父母及教育工作者都非常重視兒童的教育，也注意到培養兒童閱讀習慣的重要性。我們深知，兒童從閱讀書中的內容，可以拓展生活經驗，認識自身周遭以外的世界；透過書中人物

Let's Read 讀讀 樂

故事·陳盈帆　繪圖·陳盈帆　定價·120元

鸚鵡丹丹學唱歌 低

**最怕上音樂課的丹丹，
下定決心要學唱歌，他去找了河馬阿姨、
鱷魚哥哥…**

語文類

每一種動物都會發出獨特的聲音，丹丹用心記下所有動物唱過的歌，就成了最棒的一首「叢林組曲」。

的感受，了解他人的想法，發現人我的差異，產生同理心，增進人際間良性的溝通；而藉由文字、圖片的導引，激發孩子去思考、推理；大量的閱讀更可增進語文能力，作為它科學習之基礎。

曾有研究指出：長時間觀看電視，操作電腦、電動玩具的兒童，會影響其認知能力、人際溝通能力，而專注力更是下降。而閱讀書本遠比觀看電視、電動，更能啟發創造力、想像力，並提升認知層次。然而，兒童初始的閱讀是被動的，需要父母、師長的有計劃性的引導，引起孩子閱讀的熱情、興趣，進而養成自動閱讀的習慣，享受閱讀的快樂。

筆者從事初等教育工作，總是喜歡利用晨間教學時間或挪幾分鐘課堂時間，為學生們朗讀經典文學或兒童文學作品。透過富含感情的語調，緩緩的朗讀著書中的內容，所有孩子們的心情隨著故事中情節或喜或悲。當朗讀完一篇文章時，我會與孩子們聊聊故事中的內容，或孩子們會自發性的分享想法或問題，這時，教室中盈滿活力的分子，正熱切的激盪著。有時表面上為吊孩子胃口，實則為養成孩子的閱讀習慣，

> 一個沒有書的家，
> 就像一間沒有窗的房子。

在以上「正課」為由，狠心的拒絕他們苦苦哀求「再讀一篇嘛」後，不經意的將書置於講桌上，一到下課，便有人趕忙趨前借閱，並欣喜的與同學們分享他閱讀的收穫。

除此，成立班級圖書館，設置讀書角，規劃好書推薦區，校外教學時安排參觀學校附近的書店、圖書館，實施獎勵制度……，於是班上的孩子們極喜歡閱讀，師生共同悠遊在閱讀之中。

要培養兒童養成自動閱讀的習慣，首重營造良好的閱讀經驗：

一、塑造閱讀的環境 ：在家
中（如：書房、客廳、
浴室） 或教室中隨
處可拿到書，隨處
可看到書，讓兒童
習慣與書為伍，但不
以逼迫方式要求他閱讀。

Let's Read 讀讀 樂

故事‧黃惠鈴　繪圖‧余麗婷　定價‧120元

吵翻天的嘰哩咕嚕班 低

語文類

哎呀！是誰這麼吵？
連天上的鳥兒、太陽，都被嚇了一大跳！

好吵的小學裡有個嘰哩咕嚕班，他們說話的聲音比汽車喇叭還要吵，有一天，那巨大的吵雜聲，竟然把老師從一百層樓震了下來！

如：父母正在忙碌，

孩子因起口角爭吵

著，爸媽

憤 而 要 求

孩 子 別 吵 ，

「回房間看書去」。此時，閱讀成為一種懲罰。父母師長更應該身體立行，經常閱讀，作孩子的模範。

二、親子共讀 ：父母每天陪孩子閱讀至少10分鐘。心理學家西格曼博士曾提出：睡前10分鐘的親子共讀可幫助入睡外，對孩子的免疫系統，傾聽的技巧及想像力的發展都有助益。可採父母讀給孩子聽，或是一起讀，也可以孩子讀給父母聽。

三、可以多元化的活動方式進行閱讀，增進閱讀的樂趣：在閱讀前或閱讀後，可進行多面向的活動，增加閱讀興趣，加強學習印象，發展多元能力。如：聯經出版的《臺灣欒樹和他的朋友們》一書，可在閱畢後，一起做葉子的拓印；觀察書中所介紹的動植物；為樹攝影…等。

四、以開放的態度與兒童討論書中的內容，除可深入了解兒童的想法，也可建立良好的親子關係、師生關係，並經由此精讀，發展兒童的推理、分析、與鑑賞能力。

五、慎選符合兒童年齡、程度、性向的閱讀材料：父母、師長在為孩子挑選書籍時，應考慮不同年齡層、不同程度及性向的孩子之閱讀材料，應有不同，購買時也該略覽過，也可讓孩

子們提議想購置的書,供父母參考,並依此瞭解孩子閱讀的偏好。

六、選擇延伸課本教材的課外書籍,豐富學習的層面:學校中所使用的教科書,係為專家學者依據教育目標及兒童發展指標所編寫,兼顧學習之階段性及發展性,但礙於篇幅有限,往往僅有概述而欠詳盡,為彌補其缺漏,課外延伸教材的補充更顯重要。

市面上新書出版不斷,如何選擇適合兒童閱讀的書籍,常是父母師長必須做的功課,欣見聯經即將出版一系列配合九年一貫課程的課

Let's Read 讀讀樂

故事·朱秀芳　繪圖·高玉玲　定價·130元

學習書法真有趣

語文類

書法—怎麼可能有趣?
磨墨、握筆、一點一捺的慢慢寫……,
真不是件容易的事呢!

讓我們來看看寫得一手「鬼畫符」的阿瑞,是怎麼跟著媽媽一筆一畫的耐心練習,終於發現書法的趣味,甚至還準備當個書法家呢!

外讀物，其內容皆依適讀年齡作分齡、分類的規劃；以課本教材內容作為延伸，幫助孩子擴增相關知識；每本書並設計了導讀、延伸活動及教學應用，以方便父母、師長協助孩子多元學習。不論是對家庭親子共讀，或是學校延伸教材的使用，都是值得一讀的一套叢書。

美國教育家霍力斯‧曼（Horace Mann）曾說：「一個沒有書的家，就像一間沒有窗的房子。」一個喜愛閱讀的人，他會隨著閱讀書本所展開的思考、想像的羽翼，翱遊在浩翰的宇宙中，生命因此而豐富，而無限。

Let's Read內容特色

★每本書的主題都是學校課本的延伸，幫助孩子增加相關的知識。

★每本書除豐富的文字內容外，並配置精美的插畫以及解說性質的圖解，對孩子的美感培養以及優美圖像的欣賞，有很大的助益。

★每本書都附有相關的背景知識，幫助孩子更深入、更多元的學習。

★每本書都經過「九年一貫課程教學研究會」的委員審校，並製作「一起玩‧一起學」的延伸學習活動，還有為家長與孩子撰寫的導讀、給老師的「教學運用」建議，以及運用在各領域統整的圖表。

★每本書的篇幅適中，孩子可以很輕鬆的自行閱讀，並且也十分適宜親子共讀。

★每本書後面附有活動提示，包括自然觀察與科學實驗、美術工藝、表演、鄉土活動的參與、延伸閱讀，以及例題回答。

★依照適讀年齡規劃，低年級以圖畫書型式出版，內容設計著重趣味性題材；中年級偏重圖文書型態，文圖比重各半，內容設計著重生活常識的增強；高年級著重知識與資訊的傳達，也同樣文圖並茂。每個孩子都可以依照不同年齡與興趣來選擇自己喜歡的題材。

★適合每個家庭都擁有的一套童書，涵蓋從國小一年級到六年級不同階段的閱讀與學習。

★每本書的封底明確標示能力指標所能達到的比例。

★以最低廉價格，推廣兒童閱讀運動。

關於讀本

誠品書店童書部　張淑瓊

　　一切就從波士頓的公共
圖書館開始，也從一個小男孩興奮的叫聲開始。1955年的波士頓
公共圖書館裡，當時任職於兒童部門的Virginia Haviland，聽到一位小
男孩興奮的喊道「我會讀了！我會讀了！」（I can read! I can read!
），面對這麼一位渴望閱讀的孩子，Haviland在書架上搜尋半天，卻發
現很難找到合適的讀物可以滿足他的需要。於是這位優秀的圖書館員
撥了一通電話給她的好友Ursula Nordstrom，希望她能為這些剛要學
習獨立閱讀的孩子們出版一些合適的讀物。Nordstrom在童書出版界是

讀讀 樂

故事・陳月文　繪圖・官月淑　定價・130元

好好玩的閱讀課 中

語文類

**只有用眼睛才能閱讀嗎？
用肢體、音樂、繪畫……，
也可以幫助「閱讀」喔！**

其實，「閱讀」不一定是讀書本，我們可以用耳朵
「讀」大自然的聲音，可以用手指「讀」出桌子的長
度，還可以用歌聲來「唱」九九乘法表呢！

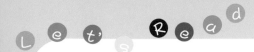

相當有名的編輯人，也是Harper ＆ Brothers童書部
門的負責人，她著手發想一種新的出版類
型，終於在1957年出版了I-Can-Read系
列。

　　由E. H. Minarik撰寫文字，當時
才初出茅廬的Maurice Sendak擔任插
圖的《小熊》（*Little Bear*）就是第一
塊敲門磚，也為這一個系列建立相當
不錯的開始。集合了一流的寫手
和插畫者，I-Can-Read系列
歷來出版相當多優秀作品，著
名的青蛙與蟾蜍系列、Amelia
Bedelia都收錄在這個系列中，45
年來這個系列一直表現不凡，成
為這一類型讀物的領導品牌。

童書編輯的責任是─
讓孩子享受閱讀！

　　同樣在1957年，美國童書界的另一個龍頭
Random House也出版了蘇斯博士的經典之
作《戴帽子的貓》（*The Cat in the
Hat*），也為該出版社開啓了語
言學習讀本的重要里程碑。除
了隸屬於HarperCollins的I-
Can-Read和Random House

的Beginner Books之外，1960年代晚期陸續有Dail的Easy-to-Read、Macmillan的 Ready to Read加入。這個新的出版類型開始穩健的發展。

在童書的出版圖譜上，圖畫書和小說一向各有山頭，圖畫書比較多是為3~8歲的孩子設計編寫，在閱讀時鼓勵由大人協助親子共讀，因此在故事的發展上就比較少考量文字和句子的長度，而純文字的小說閱讀的對象本來就是已經建立獨立閱讀習慣的大孩子。圖像為主的圖畫書和純文字的小說中間缺少了一種可以循序漸進讀物，所

故事·陳素宜　繪圖·黃建達、溫政忠　定價·130元

我的朋友李先生 中

語文類

「有兩位李先生都是我的好朋友——一位是古時候的詩人，另一位是現代的作家。」

是誰可以同時認識今人與古人，並且跟他們都成為好朋友？翻開這本書，你不但可以解開謎題，還可以知道怎樣當一個作家。

以1957年開始發展的Early/Beginning reader這些系列，補足了這塊出版圖譜，讓圖像閱讀和文字閱讀中間有了一個美好的緩坡。這一群被稱為橋樑書 （Bridging Books）的出版品，又可以分為兩個階段，一是銜接圖畫書之後的Early/Beginning reader系列，插畫仍然佔比較重要的比例，文字和故事結構簡潔易懂，在字數和句子的長度上都有嚴謹的考量。另外就是文字漸多插圖僅為輔助的Early Chapter Book或是Chapter Book，這類型出版品故事大都與孩子們的生活相關，運用幽默生活化的故事吸引孩子們閱讀的興趣，簡單的章節分段，讓還在適應純文字閱讀的孩子可以很快的讀完一個章節，不會有太大的壓力。這些橋樑書在循序建立孩子閱讀興趣和信心上都有極重要的貢獻。

字數和句子的長度的考量，讓這些給孩子們初學獨立閱讀的讀物，肩負著學習閱讀和享受閱讀的雙重任務。當然在母語非英語的地區，這些系列也被用來做語言學習的教材，很多出版社也會在封面上標示閱讀年齡，各家出版社在編輯階段也多向教育專家請益，在書店裡面我們直接稱他們為「語言學習讀本」，整體看來似乎這些讀本的存在都是為了學習，不過HarperCollins的編輯可不是如此想，在接受《出版者週刊》的訪問時，該出版社負責的編輯強調他們規劃這一系列的讀物，主要的目的是讓讀者可以享受閱讀，和閱讀所帶來的一切喜悅，並不是教孩子如何讀書！

Let's Read 讀讀 樂

故事・管家琪　繪圖・廖麗洳　定價・140元

經典文學背後的故事 高

語 文 類

「科學怪人」是從一個恐怖的惡夢中誕生，「茶花女」其實可以說眞有其人…

許許多多膾炙人口的經典文學名著，其背後都有著一段鮮爲人知的創作歷程，想不想知道這些故事背後的故事呢？快快翻開你手中的這本書吧！

Let's Read

　　既然不是教科書，讓孩子享受閱讀之樂就是眾家出版社所努力的目標。我們從各家的讀物上發現，閱讀在起初建立習慣的階段，真是需要加添很多快樂的元素，不管是故事或是圖像的部分。讓小讀者們可以自然而然的成為愛書人，而且是快樂的愛書人，顯然是大家共同努力的目標。

Let's Read的特點

著重能力本位的學習與各領域統整的概念

每本書都設計有：

★讀完此書你的能力增強指標

★提供給老師參考的主題統整建議

★每本書有8頁的附錄：

　　包括：給孩子的導讀、給家長的導讀、看完故事
　　可從事的活動（約5個）、給老師教學運用的
　　建議

語文領域的閱讀計劃

三峽國小老師　林月娥

　　自古以來，無論是大人或小孩，閱讀一直都是豐富生活、增廣視野的一種甜美活動。前一陣子，教育部前部長曾志朗教授的大力推廣兒童閱讀，閱讀活動又在學校與家庭間掀起了一陣波瀾。

　　九年一貫課程的實施，特別著重在多元智慧的啓發，教科書不再是唯一的教材，教師與家長對於孩子的多樣學習，必須重新擬訂一套更多元的閱讀計劃。

　　就語文領域的閱度計劃方面，個人將從低年級、中年級和高年級等三個年段，分別作簡單的介紹與建議。

Let's Read 讀讀 樂

故事・管家琪　繪圖・吳司璏　定價・140元

戲，開演了 高

語文類

**你演過戲嗎？想不想自己編一齣劇本？
劇本中又該有哪些重要元素呢？**

本書以「驢子的故事」爲主題，呈現三齣完整的劇本，教你如何成爲一個編寫劇本的高手！

- **關於低年級方面**

　　琅琅上口的兒歌，以及圖文並茂的圖畫書，因為文字不多，配上精采的插圖，這樣的課外書籍，最能夠吸引低年級小朋友的閱讀。

　　經常閱讀國語日報的大、小讀者，對於國內知名的兒童文學作家林良先生的專欄——看圖說話，對於他那特別為低年級孩子寫作的特殊風格，一定印象深刻。《大牛哥快樂過生活》就是林良先生的作品集，非常適合低年級孩子的閱讀。

　　剛剛從幼稚園進入國小一年級的時候，家長都很緊張，唯恐對於新環境及新朋友的無法適應。《鸚鵡丹丹學唱歌》這本圖畫書寫的，就是一隻非常害羞的鸚鵡丹丹的學習心路歷程。老師或家長可以和孩子分享丹丹的學習喜悅，進而探討心肝寶貝的內在世界。

　　閱讀是可以分享的，閱讀也可以培養孩子的批判思考能力。《吵翻天的嘰哩咕嚕班》這本書，提供低年級孩子對於事情的不同思考空間，以及解決問題的不同策略。

- **關於中年級方面**

　　你知道小三孩子的家長，最大的夢魘是什麼嗎？就是執毛筆練書法。未來九年一貫課程全面實施之後，會有部分的學校，將書法納入藝術與

人文領域，藉由簡單、有趣的圖案繪製，逐步進入書法習寫的境地。《學習書法真有趣》這本書，值得小三老師、學生與家長共同分享其樂趣。

《好好玩的閱讀課》，介紹多元智慧的閱讀方式，開啟了九年一貫閱讀的新境界。這本保證讓小朋友大開眼界，大朋友要重新思考閱讀的範疇。

古代詩人如何遇見現代作家？閱讀很有趣吧？《我的朋友李先生》，作者以細膩的手法，描述唐代大詩人李白和現在兒童文學作家的生活趣事。閱讀這本書，更大的收穫是寫作方面的知識吧！

・關於高年級方面

上述為低年級編撰的書籍，當然也適合中年級孩子閱讀；同理，為中年級編撰的書籍，也可能得到高年級生的青睞。除此之外，高年級理當也應有系列的閱

Let's Read 讀讀 樂

故事・林淑玟　繪圖・徐建國　定價・140元

沒什麼大事 高

在酷熱的暑假天，到底有什麼大事，驚動了整個小鎮的大人小孩？

語 文 類

有一對雙胞胎兄弟，偷偷瞞著媽媽溜去大水塘游泳，無意間成了一件震驚小鎮案件的目擊者。夾在媽媽、同學、警察和金錢之間，到底還會發生什麼大事呢？

讀書籍。《經典文學背後的故事》，特別挑選高年級生喜愛的世界經典名著，像是《茶花女》、《少年維特的煩惱》……等等，介紹該作品背後的故事，是一種文學的深度閱讀，或可稱為一種導讀。

語文領域的學習，到了中、高年級階段，編戲、演戲等屬於戲劇的部分，應該也是十分吸引人的部分。《戲，開演了》全書充滿戲的味道，引領孩子進入編戲、演戲的學習氛圍。

冒險故事也該是值得閱讀的題材吧！《沒什麼大事》描述一對五年級的孿生兄弟的暑假生活體驗，小人物的大事情，讀起來備感親切呢！

• 快樂童年的閱讀計劃

閱讀需要計劃，如同生涯需要規劃一般。大人可以替自己擬訂年度的閱讀計劃，那是每個人都必備的終身學習檔案；孩子呢？快樂童年需要有快樂的閱讀計劃相伴。

針對九年一貫課程的上路，我們為孩子規劃了系列的分齡閱讀，讓有心的家長或老師，一同來品嚐閱讀成長的喜悅。

課本不是唯一的教材，課外讀物的學習，將讓孩子吸收學習得更快！

好玩的圖畫故事書

資深閱讀帶領人　陳月文

看圖書書說故事

　　這些年，國內的圖畫書出版商出版的圖畫故事書越來越豐富、多元，圖畫、文字也越來越精美。這些作品，有國內兒童文學工作者的創作，也有許多國際得獎作品。

　　這些優美的圖畫故事書，是啓發孩子的豐富寶藏呢！

　　跟孩子玩「看圖書書說故事」時，我會選擇圖像優美、訊息豐富的圖畫故事書。從封面開始，讓孩子一頁一頁仔細看圖，讓孩子一面看著圖畫，一面說出他所看到的。

　　比方，看《吵翻天的嘰哩咕嚕班》時，展開封面，問孩子們：「看到什

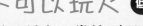

Let's Read 讀讀 樂

故事・劉吉媛　繪圖・楊麗玲　定價・120元

可不可以玩火 低

可不可以玩火？當然可以啦！
只要「請你跟我這樣做」…

自然科技類

在這本書裡，有好多關於火的「大秘密」和「小實驗」，只要你先了解火的秘密，就能夠跟火一起好好的做實驗、玩遊戲！

麼？」

「人」、「老師」、「學生」、「頭髮」、「衣服」、「座位」⋯⋯。

然後，隨著書頁一頁一頁的翻動，孩子們的語彙會越來越多，口裡吐出的辭性也會越來越豐富：

從單一名詞的：「人」、「座位」；

到名詞加動詞的：「他們在爬樓梯」，或名詞加形容詞、加副詞的：「樓梯好長好長」；

到一句話的：「有人被噴到天上去了！」、一段話的：「有人掉到攤子上，甜甜圈滾來滾去。」；

然後是整個自己的想法或詮釋「哇！他們為什麼一直爬樓梯，一直爬樓梯，他們不累呀！」

看，就這樣一個簡單的遊戲，就可以讓孩子在玩兒中，不知不覺的增強了語文智慧能力。

讓孩子仔細看圖，不但可以加強他的語彙，還可以強化他的注意力和思維。

過去，孩子使用圖畫故事書時，多半是聽著故事的進行，因此，他們習慣看圖找聽到的訊息；他們眼中所看到的，並不是全部的圖像，而是「證據」式的圖像。

當他聽到「嘰哩咕嚕班的小朋友，每天上下學的時候，只好很辛苦的爬一百層樓梯」時，眼中所見，只是「許多小朋友在爬樓梯」，而看不到爬樓梯的人群中，每個人的臉部表情、每個人的不同穿著，以及小朋友之間的互動。

但是，如果他對書中的故事一無所知，那麼，所有所有的訊息，便形成了無數的可能，於是，孩子會仔細的看圖，希望從圖中的所有訊息中，找到自己可以詮釋的意義。

而當圖像一一進入他的思維，孩子開始將圖像組織、整理，給予邏輯思考的合理化後，他會發現，自己是能詮釋圖像的；自己是有能力用自己的方式閱讀圖畫故事書的！

這樣的發現，不但開啓了孩子的創造力，也增強了孩子的自信，同時，讓孩子在拿到書的時候，不再以為，一定要透過爸爸媽媽，或

 Let's Read 讀讀 樂

故事・陳小介　繪圖・江長芳　定價・120元

我好想養寵物

想養寵物嗎？那有什麼困難！
你想養小貓、小狗，還是養一隻大象？

好好讀一讀這本書，你就會知道你們家適合養什麼寵物，還有，你應該怎麼樣照顧牠們。

自 然 科 技 類

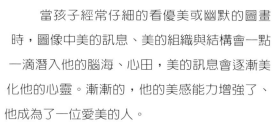

書，除了可以看，
當然也可以玩。

老師念故事才可以閱讀
這本書了。

除此之外，讓孩子學習「看
圖畫書說故事」還有一個好處：增強孩子的
美感能力。

當孩子經常仔細的看優美或幽默的圖畫
時，圖像中美的訊息、美的組織與結構會一點
一滴潛入他的腦海、心田，美的訊息會逐漸美
化他的心靈。漸漸的，他的美感能力增強了、
他成為了一位愛美的人。

愛美的人會經常在尋常的生活中「發現美」，因而讓生活時時充滿
美的喜悅與歡愉！

愛美的人，人際會比較圓融，因為，吵架、打架一點兒都不美，
他們不會喜歡。

愛美的人，會讓自己和周遭的硬體、軟體環
境都美美的，於是，不再是個人自掃門前雪，
而會兼顧美麗的家園、社區，那麼，國外那些
賞心悅目的社區景象，也可以在國內生根。

愛美的人，會比較誠懇的面對自己和他
人。他會用心誠懇的完成自己承擔的工作，不
會讓自己因工作不夠圓滿而造成別人的困擾；
即使只是個清道夫，他也會把自己負責的

街區掃得乾乾淨淨；即使只是個修鞋師傅，他修過的鞋，除了破洞不再之外，他還會把髒污的地方擦拭乾淨，讓他的顧客穿著一雙舒適的好鞋，重新踏出美麗的步伐。

如果我們台灣有越來越多愛美的人，我們這塊寶島就會拾回越來越多讓人珍愛的感覺。

故事思考

大部分的圖畫故事書都有豐富的訊息，值得孩子們思考、探索。因此，也可以使用圖畫故事書跟孩子們玩「故事思考」遊戲。

念完故事後，可以讓孩子們自由發表他們的想法。而在彼此發表、分享中，孩子們便自然的加深加廣了他對討論議題的了解了。

Let's Read 讀讀 樂

故事・林麗仙　繪圖・章毓倩　定價・120元

烤鴨和薑母鴨 低

如果你在路上撿到一隻小鴨子，你會把牠煮來吃嗎？

自 然 科 技 類

有一個小朋友，在路上撿到一隻小鴨，這隻「幸運小鴨」成了全校同學的超級寵物，幫助大家認識了許多關於鴨子的常識。

Let's Read

> 培養孩子的多元智慧
> 是他一生受用無窮的
> 財富。

以《我好想養寵物》
為例：

念完故事後，孩子們
會紛紛陳述自己的心聲：或者是
自己家養了哪些寵物；也或者是父母不讓養
寵物的委屈。

然後，可以讓討論分兩個方向進行：一方
面讓有養寵物經驗的孩子，相互分享養寵物的
喜悅和煩惱，或優點與缺點；
一方面讓沒養寵物的孩子吐露
他們的心聲。

最後，再討論自己最想養的寵物是什麼，以及如
果真的有機會養心愛的寵物的話，要如何照顧他。

我通常會在孩子們討論出某個共識時，
便要他們以共識為主題畫出來。

在《我好想養寵物》的附錄中，可以讓孩
子們畫出「我想養的寵物」，以及「我怎麼照顧
我喜歡的寵物」。

等孩子們畫完後，再讓他們互相分享。

之所以要讓孩子們畫畫，是因為，語文智慧
較弱的孩子在純討論的過程中，常居於相對的弱勢。

如果先讓他們畫出來，那麼，討論時有自己畫的圖

畫做依據，心中會比較篤定；即使別人先講，輪到自己時也不怕忘記；當自己的意見跟別人一樣時，因為有圖畫為證據，也就比較不會怯於表達。

故事心理

心理成長類的圖畫故事書如果只是看一看或念一念，他能發揮的成效其實非常有限；但是，如果讓孩子將故事演出來，讓孩子「角色扮演」過，那麼，孩子會對書中的情節，及其所傳遞的訊息，以及為什麼會這樣，有較深刻的體會。

以《好好玩的閱讀課》為例：

一般孩子在學校或社區參加的「兒童讀書會」，多半是以閱讀文學性書籍為主的讀書會。因此，當他們讀到這本書，發

Let's Read 讀讀樂

故事・林登榮　繪圖・陳盈帆　定價・130元

我家在一座島上 中

聽說過「火燒島」嗎？
我家就在這座島上喔！
想不想跟我一起去探險和尋寶？

自 然 科 技 類

火燒島就是台東外海的綠島，你可以在這兒看見各種有趣的海生動植物，例如：滿身棘刺的海膽、搖曳生姿的珊瑚、沙灘皇后馬鞍藤、偽裝高手雪山寶螺。

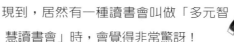

現到，居然有一種讀書會叫做「多元智慧讀書會」時，會覺得非常驚訝！

書中介紹的「多元智慧讀書會」不但不是只閱讀文學性圖書，而且，進行每一種不同智慧的「閱讀」時，還各有不同的方法，而每一種方法都是這麼的特別、這麼的新鮮，於是，孩子們會知道，原來「兒童讀書會」也可以這麼有趣！

念完故事後，可以將孩子分組，讓他們認領角色，把書中「多元智慧讀書會」中介紹的八種智慧：「語文智慧」、「數學—邏輯智慧」、「肢體—動覺智慧」、「視覺—空間智慧」、「音樂智慧」、「人際智慧」、「內省智慧」、「自然觀察智慧」的「閱讀」情節表演出來。

低年級：40頁，每冊120元，全套12冊。
以圖畫書的風格呈現。

1	語文類	大牛哥快樂過生活
2	語文類	鸚鵡丹丹學唱歌
3	語文類	吵翻天的嘰哩咕嚕班
4	自然科技類	可不可以玩火
5	自然科技類	我好想養寵物
6	自然科技類	烤鴨和薑母鴨
7	傳記類	海倫凱勒的故事
8	傳記類	愛迪生＋為什麼＝電燈
9	傳記類	樂觀上進的歐陽修
10	藝術人文類	小狗的窩要選什麼顏色
11	藝術人文類	好好聽的生日快樂歌
12	藝術人文類	身體是個甜甜圈

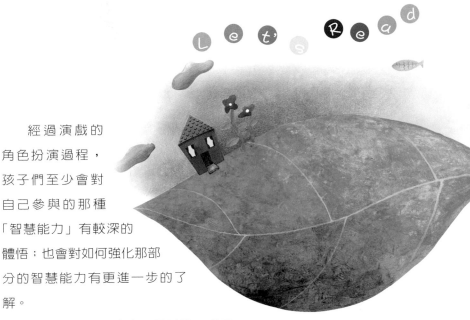

經過演戲的角色扮演過程，孩子們至少會對自己參與的那種「智慧能力」有較深的體悟；也會對如何強化那部分的智慧能力有更進一步的了解。

演完戲後，再讓孩子們討論、分享，於是，他不僅僅對自己演過的「智慧能力」有更進一步的了解，也從其他同學的分享中，更知曉其他不同智慧能力的內涵。

所以囉！圖畫故事書別只是用念的，那真的太可惜了！

當然，除了這幾種拋磚引玉的方法之外，相信聰明的你，還可以讓手中的圖畫故事書發揮更多、更豐富的功效！

Let's Read 讀讀 樂

故事・陳月文　繪圖・鍾偉明　定價・130元

走，去爬山 中

走，去爬山！山上有許多關於植物的秘密，正等著你我去挖掘呢！

自然科技類

山上的姑婆芋長得很像芋頭，可是絕對不能吃，因為它有毒；看似溫和的鳥榕樹，有時候竟會把高大的欖仁樹給「勒」死……。你喜歡爬山嗎？讓我們一起去山林間散步！

輕叩「藝術與人文」殿堂之門

吳興國小主任　胡玲玉

　　藝術是人類生活的總和，人文是思想素養的產物。

　　在教育的課程改革中，由學科改為領域的教學課程，引發諸多教育工作者有不同的觀點與解釋，姑且不談其相對論點，我們要表示佩服的是，「九年一貫」能將過去的「音樂」與「美勞」，統合為「藝術與人文」領域，並發展出

> 藝術是人類生活的總和，人文是思想素養的產物。

包含「視覺藝術」、「音樂」、「表演藝術」的內涵，這是非常高明的想法。因為，人類生活的具體展現，其實是文化的結晶，是思想與情感的訊息表達，是人與人之

Let's Read

間非語文形式的溝通；它應該是一套完整的美學，完整的價值體系，人性本質的修為、感受與經驗，當然也是科技文明與藝術人文的全面，所以用「領域」來進行學習是正確的。

學習者歷經了個人的生活體驗，如何提升其感官直覺、平面推理、潛藏的聯想力及創意思考力，應是教育工作者及為人父母所要深刻思考的。當然要增進這些能力，可以透過許多方式在各種不同的領域課程中習得，然而我們認為「藝術與人文」學習的內涵，層面之

Let's Read 讀讀 樂

故事·謝麗美　繪圖·劉素珍　定價·130元

蝴蝶飛舞

自然科技類

**蝴蝶是昆蟲王國中的「漂亮寶貝」，
而台灣素有「蝴蝶王國」的美譽，
所以，我們一定要好好的來認識——蝴蝶！**

蝴蝶的口器像一根長長的吸管，不用的時候可以捲縮藏起來；一隻鳳蝶翅膀上的鱗片，少說也有150萬片……。讓我們一起來和美麗的蝴蝶交個朋友吧！

Let's Read

廣，意含之深，似乎更能概括與統整領域。雖然藝術的語言也許抽象，也許形而上；但是，它仍是可以藉由閱讀、觀察、欣賞、體驗、實做、發表……等方法，來達到探索與創作、審美與思辨、文化與理解的課程目標。

　　以閱讀而言，如何帶領兒童進入「藝術與人文」領域？首先，當然是要有一套真正適合兒童閱讀的書刊。時下已有太多的童書，在量足質亦不差的態勢下，只要使用者有心，能善加運用，必也能發揮其功效。這回聯經出版公司，有鑒於課程改革之當下，若能設計一套配合小學課程及學習領域，又有分年齡階段的必讀課外讀物，勢必能提供家長及教師們，作為最佳教導學習

中年級：64頁，每冊130元，全套12冊。
以圖畫書的風格呈現，並加強註解。

Let's Read

之教材；也許，不久的將來，它可取代作為上課的書本。由是觀之，業者顯然已察覺到教育變革中，孩童學習教材的多元與統整，必須依據

學習能力、掌握學習主題為導向，相信這個選擇是對的。

與孩子共享聯經出版公司Let's Read讀讀樂系列中「藝術人文」類的讀物，是學習藝術語言、領會經驗、瞭解世界的最佳途徑，因為現今的藝術教育，已不再落入技術本位及精緻藝術所主導的教學限制。本套書選擇以生活中可見、可感受到的人、事、物為題材，重視人我之間與環境變化的和諧互動，並不忘以孩子為出發。每一本書的內容，圖文兼具、精采可期。不論孩子自己閱讀或大人與孩子共讀，

Let's Read 讀讀樂

故事・黃惠鈴　繪圖・王惟慎　定價・140元

台灣欒樹 和他的朋友們

自然科技類

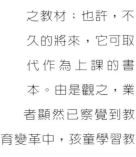

哪一種樹，會飄落下像雨點般的小黃花？
哪一種樹，會結出燈籠般的紅果實？

台灣欒樹不但是一種「美麗浪漫」的樹，
也是「土生土長」的台灣原生樹種，不論在路旁或公園，只要你找到他、親近他，就能跟他成為好朋友，而且還能認識他的朋友呢！

都很適宜。尤其讀完之後，還有延伸活動，擴增了學習的視野與想像空間；教學者更可以從書本中瞭解在主題之下，涵蓋其他領域學習的部分，相信，若將其作為教本，亦能達到應有的學習目標。

　　我們期待，透過閱讀「藝術人文」類的讀物，能慢慢建立孩子的基本藝文素養，對傳承文化資產有使命感，能創新多介面的藝術境界，能培養自己成為又文明又具人文素養的優質國民。

　　「閱讀」雖然是眾多學習方法之一，但因為簡易方便，所以選擇由閱讀入門是最可行的。只要咀嚼過書中內涵，再經過不斷反芻，最後必能形塑或內化成個人的藝術氣質，我想擁有基本的先備知識，要叩開藝術與人文殿堂之門，就輕而易舉了，說不定還可以讓自己樂在其中呢！

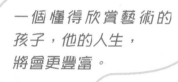

一個懂得欣賞藝術的孩子，他的人生，將會更豐富。

品味眞實的人生——
多讀傳記的五個理由

國語實小老師　鄒敦怜

　　為什麼要讀傳記？我們可以把傳記當做純粹的文學作品來看，欣賞作者的遣詞用句。也可以專注於書中對景致的描寫，當作自己也神遊其中。傳記類的作品，綜合了歷史與文學、真實與想像，讀起來有特別的味道。基於下面五個理由，我常鼓勵學生多看名人傳記。

　　一、 可以了解過去的時空背景：傳記故事是描述「人」的故事，這個人生在哪個時代？那個時代有哪些特殊的文化、景觀、風土民

Let's Read 讀讀 樂

故事‧張文亮　繪圖‧王元芳、李俊隆　定價‧140元

沿海溼地尋寶記 高

自然科技類

「溼地」是什麼？是一片泥灘，
還是砂灘？「溼地」上有沒有生物？
有螃蟹、水鳥，還是彈塗魚？

沿海溼地可以說是大自然的寶庫，它孕育了各式各樣獨特的生物，在人類面前展現出多采多姿的迷人風貌，讓人心在此得到滋潤與成長！

情？這些關於人的生活背景，透過故事性的表達，我們往往會有深刻的印象。舉例來說，法國大革命是歐洲歷史上一件重大的事情，它帶動了民主思潮，對藝術創作也有正面的影響。樂聖貝多芬正是這個時代的人，讀一讀他的故事，我們對法國大革命的影響會更加了解。

二、 可以了解人類努力的軌跡：整個人類的文明產物，都是一代代前人累積下來的。以醫學的成就來說，從前「天花」威脅幼童的性命，小孩生病只能聽天由命，許多人活不到成年。科學家發現細菌與疾病的關連後，開始懂得接種疫苗，預防疾病。從發現細菌到研發各種的疫苗，這其中有多少人的努力！讀一讀各個時代醫學家的傳記，了解這一路走來的艱辛，我們將會更了解

前人為我們歷經許多精彩的故事，你可以從他們的經驗學習。

前人的努力，更珍惜我們現在所擁有的一切。

三、 可以汲取前人的智慧：在傳記故事中，我們可以讀到許許多多前人的事蹟：他們如何面對生命中的困境，如何解決人生中的難題，如何用充滿智慧的態度，幫助自己達成心中的夢想。他們的一生的智慧結晶，我們在一本傳記中就可以一探究竟。所以，如果我們想把「安徒生童話」讀得更徹底，一定要先看一看安徒生的傳記。這樣我們會更知道安徒生是在怎樣情況下開始童話創作，也會知道為什麼他的童話可以流傳這麼廣、這麼久。

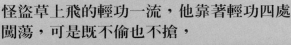Let's Read 讀讀 樂

故事‧張文亮　繪圖‧溫麟玉　定價‧140元

草上飛科學探險

自 然 科 技 類

怪盜草上飛的輕功一流，他靠著輕功四處闖蕩，可是既不偷也不搶，
而是專門挖掘各種稀奇古怪的科學問題！

「為什麼蚊子可以倒著飛？」「大肚魚為何總是在微笑？」
「眉毛可不可以拿來當牙刷？」「蒸小龍包的時候為什麼
要放一條紗布？」……所有問題的答案就在本書中！

　　四、 可以找到仿效的典範：將來，你想成為怎樣的人呢？在回答這個問題前，請先讀一讀傳記。傳記故事是真實人生的縮影，像一部部的電影，只是這電影播放的是「別人的故事」。許多人在讀文學家的傳記後，被他努力創作的態度感動，於是也想成為一個「用文字感動別人」的人。有些人是看了醫學家的傳記，深深佩服他們捨己為人的精神，也立下將來想當醫生，為人群服務的志向。我們可以輕易的在傳記故事中找到一百個最佳的模範楷模，想一想，哪些人的故事特別容易打動你的心？有這些讓我們「見賢思齊」的典範，我們將更容易掌握人生的方向。

　　五、 可以發掘自己獨特的潛能：有時候，我們讀傳記時，會在這些名人的事蹟中，看到自己的影子。也許，你的家境不太好；也許，你身體殘障，行動不便；你覺得自己腦不太靈光，明明很簡單的事，

高年級：96頁，每冊140元，全套12冊。
以圖文書的風格呈現。

高 年級

你卻老是要問「為什麼」。你是這樣的人嗎？如果你知道，成吉思汗小時候家境也不好，父親又去世得早，可是他後來卻創建了元朝帝國！海倫凱勒集聾、盲、啞的多重障礙於一身，卻是著名的教育家！發明大王愛迪生也喜歡問「為什麼？」，老師還以為他智能有問題呢！每個人都有潛能，好好發揮潛能，每個人都可能成功。讀這些人的故事，我們對自己會更有信心。

　　每讀一本傳記，我們就好像交了一個朋友，在成長的過程中，每個人至少要看過一百本各式各樣的傳記！這樣，在必要的時候，這些朋友就會跳出來，跟我們對話，為我們打氣，幫我們做最正確的決定。

Let's Read 讀讀 樂

故事·林淑玟　繪圖·王元芳　定價·120元

海倫凱勒的故事 低

一個看不見也聽不到的小女孩，要怎麼度過她漫長的人生呢？

傳記類

海倫凱勒從一歲半起就是個聾盲人，但是她後來竟然學會了說話，還能夠上大學，甚至到處去演講，鼓勵全世界的聾盲朋友，一起努力學習，快樂生活。

自然與生活科技

新生國小老師　林麗麗

地球形成以來，萬物的生存均仰賴於自然界，物種隨著地球環境的變遷而改變。人類為了生命的延續，利用自然界的各種現象、原理，研發出許許多多的生活科技產品，雖然解決生活上的問題，卻也為自然界帶來許許多多的環境污染、生態破壞等問題。

世世代代的子孫都要與地球相依相存，因此，我們必須帶領孩子們走進「自然科技類」領域的課題。引領孩子探討自然界的特性與作用，了解生命的演化與延續，關心環境的問題與保護，以及親近科技的發展與創造。這些課題均含括在九年一貫課程裡的「自然與生活科技」領域中。

> 親眼看，動手做，沒有一切比親觸過更真實。

聯經出版公司規劃的「自然科技」類童書，就是依循九年一貫課程裡的「自然與生活科技」領域能力編寫的。這套童書一共九冊，內容涵蓋山林、海洋生物，台灣特有種動、植物，科技、科學原理等課題，透過故事的發展，牽引出「自然與生活科技」相關知識。書中的「知識框」提供師長們與孩子做更深入的自然對話，共同研究該書的主題知識。每一冊附錄裡的「動手玩」就像

故事・林月娥　繪圖・張振松　定價・120元

愛迪生＋為什麼＝電燈 低　　傳記類

你相信嗎？大發明家愛迪生，
一生中在學校讀書的日子，
總共只有三個多月！

愛迪生從小就非常愛問「為什麼」，「為什麼會下雨？」「為什麼會開花？」「為什麼鳥會飛？」……問題多到老師覺得無法再教他了，只好請他媽媽把他帶回家。

能力評量，可以檢測孩子們吸收到的知識以及應用能力。

當孩子們跨入「自然與生活科技」領域時，這套童書提供了很多的補充知識，讓孩子們更深入探索此領域的精髓，獲得許多相關知識與技能應用。

【動物主題】

▲低年級的應用

親近小動物是孩子的天性，《烤鴨和薑母鴨》、《我好想養寵物》兩本童書是很好的補充讀本，這兩本童書均以兒童的觀點，探索鴨子和寵物的

Let's Read 讀讀 樂

故事・彭惠仙　繪圖・黃郁欽　定價・120元

樂觀上進的歐陽修 低

傳記類

歐陽修是中國偉大的文學家，他小時候是以「沙地為紙，蘆荻為筆」，來學習認字、寫字的，你知道為什麼嗎？

歐陽修從小家境窮苦，連紙筆都買不起，所以媽媽就在沙地上教他寫字。歐陽修從小養成了面對困難，勇於解決的態度，所以他一生都過著樂觀上進的生活。

世界。當孩子閱讀這兩本書時，可以很輕易了解小動物的習性，也能懂得如何看待小動物，更能引起他研究小動物的興趣。因此，除了閱讀童書以外，如果能帶領孩子走出室外，親近小動物，孩子的收穫是相加相乘的。

▲中年級的應用

台灣號稱「蝴蝶王國」，蝴蝶是台灣的寶貝、美麗的象徵，台灣到處看得到蝴蝶的蹤影，引發孩子對蝴蝶產生研究興趣，也是很重要的

 Let's Read 讀讀 樂

故事‧周淑惠　繪圖‧簡民熙　定價‧130元

台灣永遠的好朋友 中
──馬偕

傳記類

馬偕是個外國傳教士，
可是他衷心熱愛台灣，
把一生都奉獻給了我們這塊土地！

馬偕在台灣除了傳播福音之外，也建設學堂，教育年輕學子，同時他還為人們醫病、看牙，由他親手拔起的牙竟多達兩萬顆以上呢！

每個孩子都是好奇的科學家！

課題。《蝴蝶飛舞》這本書可以導引孩子們認識蝴蝶的習性。作者運用幽默的文字，輕輕鬆鬆就讓孩子們了解蝴蝶的生長過程、繁多的品種以及昆蟲的特徵，美麗的蝴蝶圖片更是讓孩子們愛不釋手。

【植物主題】

▲中年級的應用

植物是地球的空氣清淨機，扮演很重要的角色，《走，去爬山》這本書藉由親子間的對話，來認識山林植物。孩子們初步了解植物的特性及重要性，再觀看校園或公園裡的植物，會有更深一層的情感。本書在他們心中悄悄的埋下環保的種子，期待日後能珍愛地球上的各種植物。

▲ 高年級的應用

《台灣欒樹和他的朋友們》季節性分明的成
長過程，很適合作為孩子們植物長期觀察的
素材。閱讀本書的內容，配合實際的觀
察，從欒樹的新葉、開花、結
果、落葉，了解欒樹完整的成
長歷程，並從它身上的小動
物，了解維持生態平衡的食物
鏈關係。這真是一趟豐富的學
習歷程，足以啓發孩子追
求知識的本能。

Let's Read 讀讀樂

故事・吳燈山　繪圖・林麗芬　定價・130元

大漠英豪─成吉思汗 中

傳記類

蒼茫遼闊的蒙古大草原上，
曾經出現一位擅長馬上射箭的「少年神
射手」，你想不想認識他？

這位少年英雄就是「成吉思汗」，他統一了蒙古草原上
的遊牧民族，建立了龐大的元帝國，是蒙古人心目中
的「大漠之王」、「天下之王」。

【生態主題】

▲中年級的應用

台灣是個海島，住在這片土地上的孩子們應該了解海島生態，藉由《我家在一座島上》認識綠島的海岸生態。這本書中介紹各種奇特的海生動、植物，將吸引孩子們的研究興趣，未來在認識或觀察台灣本島海岸生態時，他們會喚起海岸特色的記憶，以建立更清楚的知識概念。

▲高年級的應用

孕育豐富動、植物的溼地生態，也是台灣本島的奇特景觀。河流出海口大多形成一塊塊的溼地，從北到南的溼地面積約有兩個台北市

Let's Read 讀讀樂

故事·管家琪　繪圖·程千芳　定價·130元

小意達葬花
　　—安徒生的故事

傳 記 類

**安徒生寫了許多精采的童話故事，
你可知道，
他的一生也充滿著動人的故事呢！**

安徒生出生於窮苦的鞋匠家庭，有個愛說故事的爸爸，十四歲時隻身離開家鄉去追求夢想，當時就有個預言家曾說：「這孩子將成為一隻天鵝，在高空展翅飛翔！」

大。《沿海溼地尋寶記》這本書以充滿人文關懷與環保意識的角度，教孩子們欣賞溼地之美，親近溼地生態，是一本知性又感性的自然類童書。

【生活與科技主題】

▲低年級的應用

《可不可以玩火》這本童書可以作為探討科技應用的題材。孩子們對「火」的感覺是又愛又怕，書中清楚的介紹「火的特性」、「火的實驗」以及「火的運用」，一步一步解開「火」的秘密，讓孩子們可以很自在的面對它。所以，書中介紹的實驗方法，可以讓師長帶著孩子們一起做，一起探究「火」的世界。

故事‧李倩萍　繪圖‧黃文玉　定價‧140元

國姓爺鄭成功 高

傳記類

「國姓爺」鄭成功是中國的民族英雄，
他的一生立下許多偉大的功績，
卻也有悔恨失策的時候……

反清復明、建設台灣，是鄭成功之所以被後人視為「民族英雄」的最大原因；然而，他手下的將領叛逃，以及他的兒子悖禮亂倫，卻造成他終生的悔恨與苦痛！

▲高年級的應用

面對科技文明的迅速改變，帶領孩子們接觸科技產品、擴展他們的眼界，是刻不容緩的課題。《草上飛科學探險》這本書透過虛構人物「草上飛」的奇幻歷險，引導孩子們飛進未來科技世界裡，了解日常生活潛藏的科學原理、動物行為、植物特殊構造以及人體構造，為孩子們打開自然科技的神秘之門。

每個孩子都喜歡的內容

★主題都是孩子有興趣的題材
★份量適中，為不同年齡層不同閱讀程度的孩子所設計
★從故事中獲得各種學科的知識
★搭配精美插圖，讓閱讀成為賞心悅目的事
★看有趣的書，還能動手玩遊戲

每個家長都認同的讀物

★這套書經過專家審校，可以放心讓孩子自行閱讀
★這些主題都非常生活化，可增進親子共讀的樂趣
★這些書能陪伴孩子有系統的完成國小階段的閱讀計劃
★主題多元，並配合學校課程，可以幫助孩子吸取多方面的知識

我是個快樂的故事媽媽

台東縣故事協會總幹事、台東師院兒童文學研究所　盧彥芬

自從文建會於1994年提出「社區總體營造」計畫；1996年又推動「書鄉滿寶島」之文化根植工作計畫，將讀書會的輔導列為主要工作，進而宣示2000年為「兒童閱讀年」；前教育部長曾志朗大力推動親子共讀，帶領兒童閱讀，為孩子營造充滿溫馨的生活體驗與記憶，讓閱讀活動往下扎根，目前的確有不錯的成效。

但是，在全省各角落裡仍有多少的家庭、兒童因某些因素，閱讀對他們仍是可望而不可即的活動，父母也無力陪同孩子一起共讀，如何讓他們也能分享共讀的關愛和閱讀的鼓勵，就成了義工性質的故事

 Let's Read 讀讀 樂

故事‧鄭敦怜　繪圖‧陳盈帆　定價‧140元

貝多芬的音樂人生 高

傳記類

貝多芬精彩動人的音樂曲目，人人耳熟能詳；貝多芬坎坷苦難的人生故事，卻令人一掬同情之淚！

年少時的貝多芬，過著貧窮、挨打的痛苦日子；年長之後的貝多芬，則飽受疾病、失戀和孤獨的折磨。但是，這些苦難並沒有擊垮貝多芬，他依然創作出不朽的樂章，滋潤了無數人心！

媽媽一項重要的工作。其實，親子共讀不應只是局限在家庭裡父母與自己孩子的共讀。它也可以擴及到學校和社區散播。

兒童文學界的前輩馬景賢先生曾說：「推廣故事媽媽的培訓，是一種進步的做法，藉由媽媽作為種籽，成為親子共讀的重要橋樑。」

前文建會主委林澄枝女士曾推崇：「故事媽媽是創造兒童書香環境的前導者，也是社區閱讀風氣的傳播者。」

近幾年來故事媽媽在有心人士的極力奔走及帶動，再加上政府閱讀政策的推波助瀾，全省共計有七個正式立案的說故事協會及數十個

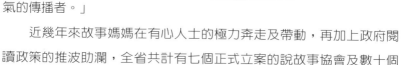

說故事的人是世界上最富有的大善人。

老師教學最得力的資源

★這套書不僅是課外讀物，同時也能做為課程的主題，是跨領域教學最好的工具書
★這套書可作為彈性課程的教材
★這套書在閱讀上不僅故事精采，還可利用附錄的活動作為課程的延伸，讓孩子更有參與感
★這套書連活動單都幫老師設計好了，老師的教學將事半功倍。有了這套書，每個老師都成了「最有創意」、「教學最認真」的名師。利用這套書作為班上學生的課外作業，每個學生的學習效果加倍，推行九年一貫課程如魚得水。

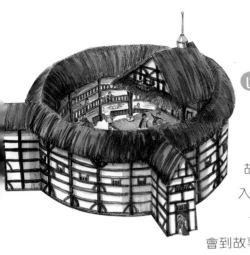

故事媽媽團。目前已有千位婦女投入此服務的行列。

　　一群熱情洋溢的媽媽們從參與讀書會到故事媽媽課程的學習，將所學帶回家與孩子分享，營造家庭書香。本著自己好也希望周遭的環境好的信念，媽媽們建立組織從事社會服務，到學校、到社區透過故事推動兒童閱讀。

　　2000年5月台東縣故事協會在台東縣家庭教育中心、及台東師院兒童文學研究所的支持和鼓勵下正式成立，結合台東市七所國小校園故事媽媽團一百多位故事媽媽，投入說故事和兒童閱讀活動的推廣。

　　首先協會在社區說故事，每個禮拜六上午跟孩子、家長相約「文化局兒童閱讀室」親子共享故事歡樂。接著協會承辦文建會「書香下鄉文化根植社區活動」，媽媽們四人一組帶著童書到縣內各鄉鎮小學說故事，同時邀約在地的家長到校觀摩、宣導親子共讀，但是我們發現

Let's Read 讀讀 樂

故事·林浩寧　繪圖·江長芳　定價·140元

偉大劇作家
—莎士比亞

高　　傳記類

莎士比亞創作了偉大的愛情悲劇《羅密歐與茱麗葉》，他自己的人生是否也充滿著浪漫動人的故事呢？

四百多年前，莎士比亞出生於英國的鄉間小鎮，直到二十三歲時，才有機會到大都市倫敦去尋求發展。而當時的莎士比亞，早已是三個孩子的父親了！

台東地區族群多元，而單
親及隔代教養家庭比率偏
高，能享有親子共讀的也
是有限。每當故事結束道
再見時，孩子們總是期盼的眼
神，追問著我們：「故事媽媽，你什麼時候可以再來！」因此更加深
我們想要為這些孩子們服務的動機，透過故事和童書加上故事媽媽的
愛心，稍稍彌補偏遠地區孩子們親子共讀的願望。再來，協會舉辦認
識、欣賞、挑選童書，說故事技巧等相關課程，鼓勵家長自我學習，
陪伴孩子成長，透過說故事、童書的閱讀和討論，營造家庭書香氛
圍，同時鼓勵家長也能到學校、社區說故事，培訓更多的種子，散播
愛與關懷給需要的孩子。

　　故事媽媽是親子共讀樂曲的創作者，每畫下一個音符，就增添一
段美妙的旋律，讓處處飄揚樂聲！

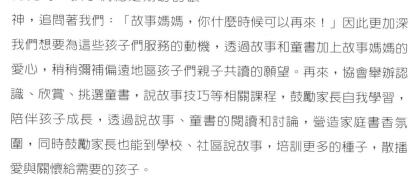

Let's Read 讀讀 樂

故事‧周姚萍　繪圖‧林麗芬　定價‧120元

小狗的窩
要選什麼顏色

低　藝術人文類

你最喜歡什麼顏色？
如果要你幫小狗的窩塗顏色，你會嗎？

在這本書裡，有一大堆打翻了的油漆，不但沒有搞得
天下大亂，反而讓顏色混合，畫出了五彩繽紛的狗窩
和走廊。你想不想學學這種混合顏色的「魔術」？

儲蓄未來──
爲什麼要閱讀傳記

成德國小主任　莊春鳳

從九十學年度起，國民中小學的教育正式邁入「九年一貫課程」的實施。九年一貫課程重視的是學生十大基本能力的培養，目的在使學生具備「帶著走的能力」，而非「背不動的書包」，此外更重視學生的個別差異，教師必須透過創新的教學方式，開展學生潛能，使每一位學生都能獲得學習的成就。

你看過電視影集「馬蓋先」和「名偵探柯南」嗎？有人說，「九年一貫課程」所要培養學生具備「帶著走的能力」的具體表現，就是孩子在面對問題時，能像馬蓋先和柯南一樣，將所學的知識，融合為解決問題的能力。

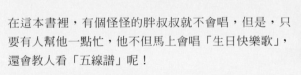

Let's Read 讀讀 **樂**

故事・林麗雲　繪圖・林麗雲　定價・120元

好好聽的生日快樂歌 低　藝術人文類

誰不會唱「生日快樂歌」？
開玩笑，這首歌連三歲小孩都會唱呢！

在這本書裡，有個怪怪的胖叔叔就不會唱，但是，只要有人幫他一點忙，他不但馬上會唱「生日快樂歌」，還會教人看「五線譜」呢！

　　我們要如何透過學習獲得知識呢？前教育部長曾志朗先生，上任的第一件事就是發起「兒童閱讀運動」，並訂西元2000年為「兒童閱讀年」。他曾經說過：面對二十一世紀資訊爆炸時代唯一的武器，便是閱讀─在最短的時間內吸取別人研究的成果。閱讀是目前所知唯一可以替代經驗使個體取得知識的方法。

　　那麼，閱讀到底有哪些好處呢？以下幾個建議提供您參考：

一、打開一扇通往古今中外的門，讓你翱遊在歷史的時光隧道中

　　當你閱讀《成吉思汗》的故事時，戰鼓的咚咚聲、馬蹄的雜沓聲、大漠英豪的威武雄姿，儼然呈現在你的眼前；閱讀《國姓爺鄭成功》的故事時，對於鄭成功在荷蘭人猛烈砲火夾擊、水道又有沉船阻礙的重重險阻下，神奇地將船隊開進鹿耳門，一舉攻佔台灣，一定會留下很深刻的印象；至於一生坎坷、不斷與命運和疾病挑戰的音樂家─《貝多芬的音樂人生》；英國劇作家《偉大的劇作家莎士比亞》難擋的戲劇魅力，也會牽動著你沸騰的情緒，神遊西方的歷史洪流，一探究竟。

你無法掌握孩子的人生，但是你可以為他儲蓄美好的未來。

二、增加挫折容忍力，減少心理上 因無知而造成的恐懼感

歷史就像一面鏡子，照亮前人走過的足跡，紀錄下事件的點點滴滴。大部分的事情，過去都曾經發生過，只是時間、地點、人名不一樣而已。我們閱讀別人的經驗，可以幫助自己找到克服現在困難的方法，就不會因為不知道如何解決問題而恐慌了。而且，當我們發現原來別人也曾和自己一樣受過這個苦的時候，就會有「同病相憐」的感覺，心中的怨天尤人之氣就會消失許多，挫折感就減輕一半，也比較能激勵起自己再出發的勇氣。

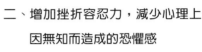

故事‧劉欣怡　繪圖‧劉鎮豪　定價‧120元

身體是個甜甜圈 低

甜甜和小圈是好朋友，
他們發明了一種好玩的遊戲——
用身體畫圈圈，你要不要也來試試看？

藝術人文類

我們身體的每個關節，都可以靈活運動，所以你可以試著用腳或頭來畫圈圈，還可以試著用臀部來寫字喔！

當我們知道海倫凱勒又盲又聾又啞的遭遇和貝多芬一生坎坷、不斷與病魔挑戰的命運後，你是否慶幸自己比他們更幸運呢？

三、提升獨立判斷的能力，讓知識成為創意的來源

閱讀可以使我們的視野更寬廣，面對問題時能想出很多的解決方式，使自己成竹在胸，進而作成有智慧的判斷。而在這一個知識經濟的時代，知識帶來創意，知識也帶來財富。創新的點子，要靠儲存在腦海裡的知識，而閱讀是唯一的捷徑。

「現代童話之父」安徒生，創作了許多膾炙人口的童話故事，為全世界的小朋友點燃一盞希望的明燈，他是怎麼辦到的呢？是不斷的閱讀和學習，讓他的腦海裡泉湧出許多創作的靈感。

四、踩在前人的肩膀上，才能跳得更高、看得更遠

以人們有限的生命，是無法在浩瀚的知識領域中尋找答案再突破創新的，唯有靠閱讀來吸取前人的經驗，發揮自己的創見。愛迪生是一位偉大的發明家，一生中發明了一千多種東西，如果你想成為「發明大王」，就要先學會愛迪生的發明原理，才能激發自己的創意，再創高峰。

　　小朋友！透過以上的分析，讓我們體認到：唯有不斷的閱讀和學習，才能將知識儲存在永久的記憶中，要用的時候才不會有「書到用時方恨少」的遺憾。習慣的養成在小學階段最容易培養，我們要及早養成自己良好的閱讀習慣，妥善規劃好自己的閱讀計劃，儲蓄未來的能量，才能讓自己具備「主動探索與研究、獨立思考與解決問題」等十大基本能力，以適應和改善生活環境。

Let's Read 讀讀 樂

故事‧林滿秋　繪圖‧江長芳　定價‧130元

蒙娜麗莎逛美術館 中

藝術人文類

**蒙娜麗莎從古畫中一躍而出，
穿上直排輪，
橫衝直撞，闖蕩美術館！**

本書不僅讓你跌破眼鏡，親眼目睹一場瘋狂演出，還能讓你從此認識千古美人蒙娜麗莎，並且知道該怎麼「逛」美術館，又該如何「欣賞藝術」。

能力本位的閱讀規畫

資深兒童文學工作者　黃宣勳

訂定基本能力為課程設計的目標，是九年一貫課程的一大特色。面對以能力取代知識，著重生活經驗的教育改革，孩子的閱讀規畫，勢必本著「與其釣一條魚給孩子，不如教會孩子釣魚與烹魚的本領」的觀念，從提供知識轉移到培養能力。

> 增強孩子的能力，等於開啟他的信心。

其實書中的知識，是用來增強學習、工作、生活上的各種能力，能力才是孩子的真正所需。因此，當我們為孩子選擇適當讀物時，不一定要依據知識本位的分類，如：自然、歷史、地理、語文、藝術⋯⋯去衡量閱讀種類的分配。不妨依據讀物內容將對孩子產生的主要效能，去分類、去選擇、去安排！讓孩子的觀察、想像、思考、創新、欣賞、關懷、表達、溝通、組織、合作、運用資訊⋯⋯等能力，都有發展機會而不至於偏廢。

閱讀內容的指導，不能停滯於了解書中知識的層次，應該更進一步讓孩子接受書中所強調的能力。即使是最單純的幼兒認知圖畫書，也不要

只告訴這是什麼？還得利用圖畫指出動物或東西的特點。例如：大象的鼻子、長頸鹿的脖子、兔子的耳朵都很長；氣球有紅、黃、綠、藍等不同的色彩。

一篇文章或一本書所含的知識，可能是多元的，強調的能力也不單純，需要靈活運用。不過，透過巧思凸顯某種能力的書也不少。例如：馬丁・漢德福特的《尋找威利》，要求從每頁人群密密麻麻的歷史大場面，找出主角威利與若干指定部分。這種需要聚精會神細看畫面，顯然在鍛鍊孩子的觀察力，並不以陳述歷史為重點。

再如：彼得・史比爾的《下雨天》，是詳細畫出雨中的種種情景，引導孩子細膩觀察不同氣候的大地變化。許多介紹昆蟲的書，更是直接呈現各成長過程中的形態特徵，指明自然觀察的要領。

透過書中圖畫或文字的描述，提醒觀察對象的形狀、色彩有什麼特點，在不同時段、不同情境會有什麼變化？一個人隨著心情的變

Let's Read 讀讀 樂

故事・陳柔森　繪圖・王元芳　定價・130元

吃喝玩樂過節日

小孩最喜歡過節了，吃喝玩樂，樣樣有趣！其實，除了這些之外，節日還有許多吸引人的「秘密」喔！

藝術人文類

元宵節為什麼要放天燈和蜂炮？中元節為什麼要祭拜孤魂野鬼？從前的女生為什麼要在中秋節晚上偷拔菜？……這些「秘密」夠吸引人吧？！歡迎一起到本書中來「探密」！

化，會有怎樣的表情與動作？如此可以避免籠統的走馬看花，培養迅速而正確看清自己與周遭的觀察力。

童話是孩子的最愛，天馬行空的新奇情節，更是童話的魅力所在。《哈利波特》、《魔戒》製造的狂熱旋風，是作者與讀者的想像相連的結果。缺乏大膽突破現實的想像力，所寫的內容一定平凡無趣，也激發不出孩子豐富的想像力。孩子缺乏想像力，將困守現有的知識、行動與生活，褪去多彩多姿的快樂，也喪失美夢成真的希望。

魔毯、神燈、巫婆、精靈、神仙……法術的世界充滿奇幻與趣味。《天方夜譚》、《愛麗絲夢遊記》、《西遊記》、《仙履奇緣》、《傑克與魔豆》等膾炙人口的名作，由於介入法術，不待刻意引導，孩子已經自行陶醉在想像世界。不過，這種奇特怪異，脫離現實的幻想，固然是想像。對未來美好前程的憧憬，探索未知事物的推測，補充現實不足的點子，替換角色或情境的猜度，對家鄉親人的懷念，也都是珍貴的想像。讓孩子多接觸各種富於想像的書，激發豐富的想像力，也是閱讀規劃的重點。

童話、故事、小說裡總會出現困難、衝突或危機等問題。如此，情節就不會平板而有曲折，並且問題的解決會製造高潮，帶來了趣味。解決問題要動腦去想，但是不同於放任的想像，需要考慮實現的客觀條件，運用智慧與經驗做合理的思考。

童話裡三隻小豬防大野狼，或三個王子接受考驗時所表現的對策，讓孩子在趣味中分辨優劣，學習思考。家庭、校園生活故事裡種種事件的處理，親切的提供思考實例。《魯賓遜漂流記》與其他探險小說裡克服逆境，化險為夷的辦法，以及《福爾摩斯探案》等偵探小說的精采推理，更能讓孩子學習理性思考，訓練分析、比較、綜合、判斷等思考能力。

孩子需要的能力多樣，以上引述的觀察、想像、思考，只是一小部分而已。閱讀的價值不在提供知識，而在培養活用知識，開拓新知識的能力。迎接新時代，能力本位的閱讀規劃值得研討實施。

Let's Read 讀讀樂

故事‧劉欣怡　繪圖‧卓昆鋒　定價‧130元

懸絲傀儡之舞

阿泰是個大高個，同學們都嫌他笨手笨腳，不願意跟他做朋友，直到他認識了懸絲傀儡……

懸絲傀儡教阿泰如何運用身體的各個關節來做動作，還告訴他怎樣用心聆聽音樂，隨著樂音手舞足蹈，使得原本備受嘲笑的阿泰，竟搖身一變，成為人人羨慕的舞林高手！

藝術人文類

閱讀──人生最美的饗宴

桃園縣文化局局長　謝小韞

　　我在大學兼一堂大四的課，每逢寒假，我會開出一張二十本課外書的書單，要他們選讀五本，做為下學期期中的讀書報告。開學後第一週上課，問全班看完五本的竟無一人，四本亦無人，三本倒有幾個，二本最多。我不禁驚訝現在的大學生閱讀能力之弱，已超過一般人的想像。

　　我們下一代的閱讀能力，確實已到我們需要正視的時候了。許多學術研究報告顯示，在二十一

閱讀可以幫助我們尋找生命的座標。

Let's Read 讀讀 樂

故事·吳望如　繪圖·陳麗雅　定價·140元

大家來逛祖師廟 高

你有沒有逛過三峽祖師廟？
見識過廟前的大神豬嗎？
可知道廟裡還雕刻著美人魚呢?!

三峽祖師廟素有「東方的藝術天堂」之稱，四十多年來，許多國寶級的藝師參與祖師廟的重建工作，直到今天仍然持續在慢工細活的雕鑿中。

藝 術 人 文 類

世紀資訊爆炸的時代，閱聽人所接觸的資訊來源越來越多，大眾傳播媒介最大的競爭對象已不是媒介本身，而是閱聽人的時間。在一個人固定有限的休閒時間裡，傳統平面印刷媒介在電子媒介、網際網路及其他新科技的強勢競爭下，所分到閱聽人的時間已日漸減少，要年輕人靜下心來閱讀一本經典之作，已經是越來越不可能的奢望了。

除了閱讀能力低落外，相對地，年輕一代的寫作能力也每況愈下。在中央研院的院士會議為了大學要不要考國文作文而吵翻天之際，高中學測已逕自決定先試辦停考作文幾年。這種社會趨勢讓我們不但憂心下一代的語文能力，更憂心的是，年輕人在成長期對自我定位的迷惑將無從覓得人生座標的指引。

近年來美國社會對下一代日漸低落的語文能力憂心忡忡時，有人請教美國國家圖書館學會會長解決之道，這位頗負盛名的女士斬釘截鐵地表示：只有三個字可解決─閱讀、閱讀、閱讀（read, read, read）。真是一語中的。

Let's Read 讀讀 樂

故事·林滿秋　繪圖·程千芬　定價·140元

雲端上的舞鞋 高

熱愛舞蹈的吉兒，因為爸爸得了癌症，再也不能學芭蕾舞了。
沮喪無助的她，該怎麼辦呢？

昔日的芭蕾舞明星伊娃奶奶，竟然主動要教吉兒跳舞，而且還幫助她演出高難度的《吉賽兒》舞劇，使她為重病的爸爸完成了心願。

藝術人文類

Let's Read的編輯陣容

聯經兒童書製作水準受專業肯定

《台灣歷史故事》、《台灣風土系列》分別獲得86年及90年金鼎獎

★本系列的編輯與製作,都經過「九年一貫教學研究會」成員討論及審校。

★由各領域學有專長的老師設計延伸活動並由國內知名學者專家推薦。

推薦者:

方力行(國立海洋生物博物館館長)·李家同(暨南大學教授、前暨南大學校長)·林文寶(台東師院兒童文學研究所所長)·陳郁秀(文建會主委)·曾志朗(中央研究院副院長、前教育部部長)·黃光男(國立台灣歷史博物館館長)

是的,閱讀是解決寫作能力低落的唯一良藥,寫作必須源於閱讀的學習,經過學習,才能梳理、提煉,沒有經過深刻、廣泛的閱讀過程而產生精彩的佳作,可說從未聽過。除了增進寫作能力外,閱讀最重要的功能是幫助我們尋找生命的座標。

我們目前的教育體制讓我們的下一代畏懼閱讀。在學校裡,孩子要學的科目太多,要讀太多指定的教科書,這種學習環境讓孩子以為閱讀就是唸一堆老師指定的書,日後看到真正的好書反而激發不了興趣。我在所教大學生的讀書報告中看到一篇學生的讀書報告,開頭第一句話是:「我討厭閱讀」。我在感慨之餘給他的眉批是:「討厭閱讀會使你一生顛沛流離,請開始嘗試去閱讀。」

其實,閱讀是人生中最大的饗宴,經過時間與空間篩選過的書籍,是協助我們尋找人生定位的指南。影響人一生中的關鍵因素是這個人的生命質量,生命質量的多寡與優劣,是肇因於一個人在生活中點點滴滴的澆灌,這種澆灌是要從年輕時期做起,而閱讀就是澆灌生

命最重要的步驟。

　　要如何用閱讀澆灌生命？只有從年輕時就開始養成閱讀的習慣！但是，首先必須要拋棄一般人對閱讀的刻板印象，要鄙視升學主義的戕害，要把對閱讀的美好嚮往說出來。閱讀要在自願的、滿足的條件下實現。閱讀是一件快樂的事，是人生中最大的樂趣與享受。一旦進入閱讀的世界，生命中的疑惑皆可自然找到出路。閱讀讓我們得到真正的自由。

　　閱讀讓我們在生命的座標上，穩穩地踏在自己的立足點。閱讀習慣的養成絕對不只是可提升國民的文化水準，而應是國家長期發展的命繫所在。

　　閱讀是一件美好的事，是一個值得終身培養的好習慣。讓我們和我們的孩子大聲地說：我們一起來閱讀！

Let's Read 讀讀 樂

故事‧李倩萍　繪圖‧曹瑞芝　定價‧140元

夢想學園 高

學校是不是一定要有高高的圍牆？
操場該不該鋪上人造的草皮？
我們可不可以自己來打造一座「夢想學園」？

如果教室變成樓中樓，上課的時候可以跳舞、看電影；如果廁所像藝廊，方便的時候可以欣賞藝術品；如果校園裡有樹屋和瞭望台；如果……，我希望能夠轉學到「夢想學園」！

藝術人文類

訂 購 辦 法

本DM 優惠辦法，適用於聯經門市洽購、信用卡傳真訂購或郵政劃撥訂購：

○ **傳真訂購：**

填妥信用卡訂購單，傳真至

北部傳真：(02)8692-1268　洽詢電話：(02)2642-2629分機241

中部傳真：(04)2232-6423　洽詢電話：(04)2231-2023

南部傳真：(07)241-2804　洽詢電話：(07)241-2802

○ **郵撥訂購：**

戶名：聯經出版事業(股)公司　帳號：01005593

○ **團體訂購專線：**(02)2641-8661

○ **聯經門市：**

忠孝門市
台北市忠孝東路四段561號1樓・TEL: 02-27627429・FAX: 02-27634590

新生南路門市
台北市新生南路三段94號・TEL: 02-23620308・FAX: 02-23620137

台中市門市部
台中市健行路321號・TEL: 04-22312023・FAX: 04-22326423

高雄市門市部
高雄市成功一路363號B1・TEL: 07-2412802・FAX: 07-2412804

○ **聯經網址：**http://www.udngroup.com.tw/linkingp

○ **E-mail：**linking@udngroup.com.tw

聯經出版公司信用卡訂購單

□VISA CARD　　□MASTER CARD　　□聯合信用卡

訂購人姓名：＿＿＿＿＿＿＿＿＿＿＿＿＿　訂購日期：＿＿＿年＿＿＿月＿＿＿日

信用卡號：＿＿＿＿＿＿＿＿＿＿＿＿＿＿＿

持卡人簽名：＿＿＿＿＿＿＿＿＿＿＿＿＿ (與信用卡上簽名同)

信用卡有效期限：＿＿＿年＿＿＿月止

聯絡電話：日 (O) ＿＿＿＿＿＿＿＿＿　夜 (H) ＿＿＿＿＿＿＿＿＿

聯絡地址：□□□ ＿＿＿＿＿＿＿＿＿＿＿＿＿＿＿＿＿＿＿＿＿

＿＿＿＿＿＿＿＿＿＿＿＿＿＿＿＿＿＿＿＿＿＿＿＿＿

訂購金額：新台幣＿＿＿＿＿＿元整（訂購金額500元以下，請加付掛號郵資50元）

發票：□二聯式　　□三聯式　　發票抬頭：＿＿＿＿＿＿＿＿＿＿＿＿＿＿

統一編號：＿＿＿＿＿＿＿＿＿＿＿＿＿＿＿＿＿＿＿＿

發票地址：＿＿＿＿＿＿＿＿＿＿＿＿＿＿＿＿＿＿＿＿＿＿＿＿

★如收件人或收件地址不同時，請填：

收件人姓名：＿＿＿＿＿＿＿＿＿＿＿＿＿＿＿＿＿ □ 先生

＿＿＿＿＿＿＿＿＿＿＿＿＿＿＿＿＿ □ 小姐

聯絡電話：日 (O) ＿＿＿＿＿＿＿＿＿　夜 (H) ＿＿＿＿＿＿＿＿＿

收貨地址：□□□ ＿＿＿＿＿＿＿＿＿＿＿＿＿＿＿＿＿＿＿＿＿

茲訂購下列書種·帳款由本人信用卡帳戶支付

書　　名	數　量	單　價	折　扣	合　　計
			總　計	

訂購辦法填妥後，請直接傳真FAX: (02) 8692-1268　洽詢電話: (02) 2642-2629轉241

讀·讀·樂

Let's Read

金鼎獎童書

	書名	作者	定價
台灣歷史故事	台灣歷史故事1 原住民與鄭氏王朝的時代	王淑芬撰寫	180
	台灣歷史故事2 披荊斬棘的時代	張淑美撰寫	180
	台灣歷史故事3 開拓發展的時代	鄒敦怜撰寫	180
	台灣歷史故事4 外力衝擊的時代	洪志明撰寫	180
	台灣歷史故事5 日本統治的時代	周姚萍撰寫	180

	書名	作者	定價
台灣風土系列	台灣風土系列（一套十冊）		一套特價1800元
	（1）開發的故事	管家琪著	180
	（2）民間信仰的故事	林淑玟著	160
	（3）習俗的故事	李倩萍著	200
	（4）海洋的故事	陳素宜著	180
	（5）河流的故事	莊華堂、葉媛妹著	200
	（6）動物的故事	呂明穎著	180
	（7）植物的故事	陳月文著	200
	（8）住民的故事	馬筱鳳著	180
	（9）物產的故事	張友漁著	160
	（10）山脈的故事	張友漁著	160

父母、老師叢書

其他童書總表

	書名	作者	定價
校園檔案	夫子列傳	單小琳著	130
	老師家長聯合出招	單小琳主編	170
	一個老師的真心話	單小琳著	150
	常態編班怎麼辦	吳京、單小琳等著	170
	老師家長別生氣	單小琳主編	150
	如何指導孩子撰寫專題報告	鄧運林主編	160
	班級經營有一套	林月娥著	160
	日本小學教育	洪伯昌譯	250
	如何考上國小老師	單小琳、黃琴文編著	230
	教師甄試應試百寶箱	歐瑞賢著	250
	建立真愛的國中校園：國中教育沉思錄	張教、詹德輝著	350

	書名	定價
生命教育系列	享受生命：生命的教育李遠哲等著	220
	活動與學習林淑玲等著	250
	小故事大哲理李錫津口述	180
	看見生命吳燈山著	

其他童書總表

	書名	作者	定價
世	小熊維尼	張艾茜譯	200
界	噗噗熊溫尼和老灰驢的家	張艾茜譯	180
兒	柳林中的風聲	林淑琴譯	220
童	綠野仙蹤	陸善儀譯	200
文	小公主	張靚菡譯	250
學	海蒂	林淑琴譯	280
經	小不點蕭司特	文庭澍譯	特價149
典	小飛龍	文庭澍譯	220
	愛麗思夢遊奇境	盧 珊譯	200
	天鵝的喇叭	陳次雲譯	220
	木偶奇遇記	易萃雯譯	250

	書名	作者	定價
成	成功者的故事 1.李遠哲	李倩萍著	180
功	成功者的故事 2.施振榮	陳啓明著	180
者	成功者的故事 3.證嚴法師	吳燈山著	180
的	成功者的故事 4.貝聿銘	管家琪著	180
故	成功者的故事 5.馬友友	王淑芬著	180
事	成功者的故事 6.林昭亮	吳燈山著	180
	成功者的故事 7.成龍	吳燈山著	180
	成功者的故事 8.張忠謀	管家琪著	180

讀讀樂書目總表

全套36冊‧特價3600元　★另可單冊購，或分低年級、中年級、高年級分購。

	序號	書名	適讀年齡	定價
低	1	大牛哥快樂過生活	低年級	120
	2	鸚鵡丹丹學唱歌	低年級	120
	3	吵翻天的嘰哩咕嚕班	低年級	120
	4	可不可以玩火	低年級	120
	5	我好想養寵物	低年級	120
	6	烤鴨和薑母鴨	低年級	120
	7	海倫凱勒的故事	低年級	120
	8	愛迪生＋為什麼＝電燈	低年級	120
	9	樂觀上進的歐陽修	低年級	120
	10	小狗的窩要選什麼顏色	低年級	120
	11	好好聽的生日快樂歌	低年級	120
	12	身體是個甜甜圈	低年級	120
中	13	學習書法真有趣	中年級	130
	14	好好玩的閱讀課	中年級	130
	15	我的朋友李先生	中年級	130
	16	我家在一座島上	中年級	130
	17	走，去爬山	中年級	130
	18	蝴蝶飛舞	中年級	130
	19	台灣永遠的好朋友——馬偕	中年級	130
	20	大漠英豪——成吉思汗	中年級	130
	21	小意達葬花——安徒生的故事	中年級	130
	22	懸絲傀儡之舞	中年級	130
	23	蒙娜麗莎逛美術館	中年級	130
	24	吃喝玩樂過節日	中年級	130
高	25	經典文學背後的故事	高年級	140
	26	戲，開演了	高年級	140
	27	沒什麼大事	高年級	140
	28	台灣欒樹和他的朋友們	高年級	140
	29	沿海溼地尋寶記	高年級	140
	30	草上飛科學探險	高年級	140
	31	國姓爺鄭成功	高年級	140
	32	貝多芬的音樂人生	高年級	140
	33	偉大的劇作家——莎士比亞	高年級	140
	34	大家來逛祖師廟	高年級	140
	35	雲端上的舞鞋	高年級	140
	36	夢想學園	高年級	140
		低年級全套12冊	低年級	1440 推廣閱讀特價1200
		中年級全套12冊	中年級	1560 推廣閱讀特價1300
		高年級全套12冊	高年級	1680 推廣閱讀特價1400
		低中高年級全套36冊	低中高年級	4680 推廣閱讀特價3600

Let's Read 讀讀樂
九年一貫的閱讀計畫

2002年10月初版　　　　　　　　　　　　定價：新臺幣180元
有著作權・翻印必究
Printed in Taiwan.

| 編　　者 | 聯經編輯部 |
| 發 行 人 | 劉 國 瑞 |

出 版 者　　聯經出版事業股份有限公司　　　責任編輯　黃 惠 鈴
台 北 市 忠 孝 東 路 四 段 5 5 5 號　　　　　　　　高 玉 梅
台 北 發 行 所 地 址：台北縣汐止市大同路一段367號
　　　　電話：（0 2）2 6 4 1 8 6 6 1
台 北 忠 孝 門 市 地 址：台北市忠孝東路四段561號1-2樓
　　　　電話：（0 2）2 7 6 8 3 7 0 8
台 北 新 生 門 市 地 址：台北市新生南路三段9 4 號
　　　　電話：（0 2）2 3 6 2 0 3 0 8
台 中 門 市 地 址：台中市健行路3 2 1 號B 1
台 中 分 公 司 電話：（0 4）2 2 3 1 2 0 2 3
高 雄 辦 事 處 地 址：高雄市成功一路3 6 3 號B 1
　　　　電話：（0 7）2 4 1 2 8 0 2
郵 政 劃 撥 帳 戶 第 0 1 0 0 5 5 9 - 3 號
郵　撥　電　話：2 6 4 1 8 6 6 2
印 刷 者　世 和 印 製 企 業 有 限 公 司

行政院新聞局出版事業登記證局版臺業字第0130號

聯經網址 http://www.udngroup.com.tw/linkingp
　　信箱 e-mail:linkingp@ms9.hinet.net

國家圖書館出版品預行編目資料

九年一貫的閱讀計畫 / 聯經編輯部編 .
--初版 . --臺北市：聯經，2002 年（民 91）
80 面；14.8×21 公分 .（Let's Read　讀讀樂）

ISBN　957-08-2514-6(平裝)

1.兒童閱讀　2.九年一貫課程-教學法
3.小學教育-教學法

523.31　　　　　　　　　　　　　91017621

讀者回函卡

　　您喜歡本書內容嗎？請填寫本卡資料，讓我們未來能為您做更好的服務。
免貼郵票直接投入郵筒，謝謝！

○ 您的年齡：＿＿＿＿＿＿＿

○ 您的職業：＿＿＿＿＿＿＿

○ 您有小孩嗎？□有，＿＿＿＿ 位，年齡：＿＿＿＿
　　　　　　　　□沒有

○ 您為什麼會想看此書：□好奇　□想了解九年一貫　□教學需要
　　　　　　　　　　　　□為了孩子

○ 您曾經看過聯經出版的童書嗎？□看過　□沒有

○ 您在市面上看過聯經「Let's Read 讀讀樂」系列的資訊嗎？□沒有
　　　　　　　　　　□看過，在哪裡：＿＿＿＿＿＿＿＿＿＿＿＿＿

○ 您看完此書之後，
　是否想進一步看到「Let's Read 讀讀樂」系列的叢書：□是

○ 您覺得本書的圖畫如何：＿＿＿＿＿＿＿＿＿＿＿＿＿＿＿＿＿

○ 如果我們有專為老師或家長設計的研習課程，您想參加嗎？＿＿＿＿＿

○ 您希望的研習課程內容為何？＿＿＿＿＿＿＿＿＿＿＿＿＿＿＿＿

○ 您覺得聯經還能開發哪類的書籍為您服務？＿＿＿＿＿＿＿＿＿＿

○ 您有什麼好點子願意提供給我們嗎？＿＿＿＿＿＿＿＿＿＿＿＿

○ 您如果願意，請留下mail或連絡方式，未來如有相關資訊，聯經才能為您
　繼續服務。

＿＿＿＿＿＿＿＿＿＿＿＿＿＿＿＿＿＿＿＿＿＿＿＿＿＿＿＿＿

台北市 110 忠孝東路四段五五五號　TEL:(02) 27683708

聯經出版事業公司

「讀讀樂」 編輯小組　收

姓名：

地址：　縣市　鄉鎮市區　路（街）　段　巷　弄　號　樓

電話：（公）
　　　（宅）
　　　（e-mail）：